ちがう、そうじゃない！

第2巻
国語大ピンチ！？クイズ

さ行→な行

監修 細川 太輔

フレーベル館

はじめに

　みなさんは学校で習ったことば以上のことばを使うことができます。それはなぜでしょうか。みなさんは、会話、テレビや本、インターネットなどで多くのことばを聞き、そこからことばの意味を理解しているからです。しかし、身のまわりのおとながまちがえて使っていたときは、ことばの意味をまちがえたまま理解してしまいます。この本は、そのようなことばを楽しく学べるようにつくられています。

　1巻は**あ**行から**か**行、2巻は**さ**行から**な**行、3巻は**は**行から**わ**行ではじまる、ぜんぶで19個のことばをしょうかいします。

　ことばのしょうかいは、まずまんがから始まります。まちがえやすいことばを、そのことばを使うときの具体的なじょうきょうといっしょに学ぶことができるようになっています。つぎに解説を読みましょう。なぜことばの意味をまちがえたのか、まちがえた子の気持ちとともに学ぶことができるようになっています。それから、にたことばも集めているので見てみましょう。知っていることばは意味がちがっていないか確認し、知らないことばはこれを機会に学ぶとよいでしょう。最後にコラムがあります。コラムにはことばについての豆知識が書かれています。これを読めば、ことば博士まちがいなしです。

　またこの本には、小学生が使うには少しむずかしいことばも説明されています。おとなになったときに失敗しないように、今のうちから正しい意味でことばを学んでくれたらうれしいです。

武蔵野教育研究所代表　細川太輔

もくじ 第2巻 さ行 → な行

- はじめに …… 2
- ほかの巻のことばしょうかい …… 4

問題 しおどき …… 5
- **コラム** ことばをまちがえて使うとトラブルのもと？ …… 8

問題 しきいが高い …… 9
- **コラム** 建築用語が由来のことば …… 12

問題 しりをたたく …… 13
- **コラム** 「しり」がつくことば …… 16

問題 立ち入り禁止 …… 17
- **コラム** ことばのかわりに伝えるピクトグラム …… 20

問題 できかねます …… 21
- **コラム** ぎゃくの意味にまちがえやすいことば …… 24

問題 煮つまる …… 25
- **コラム** 食べものに関することば …… 28

問題 にわかには …… 29

ほかの巻のことばしょうかい

第1巻
- おひかえください
- 感謝のことばもない
- 気が置けない
- けっこうです
- こそく（姑息）
- 小春日和

第3巻
- 花を持たせる
- 骨が折れる
- 目がない
- 役不足
- 夜な夜な
- 悪びれる

答え A

行動を起こすのにちょうどよい時期という意味。

終わるときだけに使うわけではない。

? なぜ「終わる時期」だと思ったのか

サッカー選手が引退会見で「チームが優勝した今がしおどきです」って言ってたよ。海外のチームをやめて日本にもどってくる選手も「今が帰国するしおどきです」って言ってた。しおどきって、なにかをやめるときに使われるから、「終わる時期」って意味だと思ってたよ。ちょうどいいタイミングって意味だったのかー。

📖 「しおどき」は「ベストタイミング」

海面の高さは時間によって変わる。船を出したり、漁をしたりするのに、都合がよいときを「しおどき（潮時）」といって、「船を出すしおどき」「漁に出るしおどき」などと使っていた。ここから「ものごとをするのにいちばんよいとき」を「しおどき」というようになった。引退や別れの場面で使われることが多いため、「ものごとの終わり」の意味だとまちがえている人も多い。

「しおどき」とにている意味のことば

タイミングがよいという意味のことばと使い方をおぼえよう。

レア度：どのくらいめずらしいかを示す。

好期　レア度 ★☆☆
なにかをするのにちょうどよい時期。
「来週がお花見の好期です」

時節　レア度 ★☆☆
なにかをするのによい時機。
「時節が来るのを待つ」

機会　レア度 ★★☆
なにかをするきっかけとなるよいとき。
「きょうりゅうの化石を見る機会があった」

好機　レア度 ★★☆
ものごとをするのにちょうどよい機会。
「苦労の末、ついに成功への好機をつかんだ」

ころあい　レア度 ★★☆
なにかをするのにほどよい時期。
「会議のころあいを見て、お茶を出してください」

時機　レア度 ★★☆
なにかをするのにぴったりなとき。
「もう少し待って、時機を見て行動しよう」

チャンス　レア度 ★★☆
ちょうどよい機会。
「このチャンスをつかんで逆転しよう！」

千載一遇　レア度 ★★★
千年に一度しか会えないような、めったにない機会。
「千載一遇のチャンスだから、ぜったいにのがさない」

≫ 「千載一遇」の「チャンス」?

　めったにない機会のことを「千載一遇のチャンス」といいます。しかし「千載一遇」も「チャンス」も、「ちょうどよいとき」という意味なので、「あとで後悔する」のように、同じ意味のことばを重ねているようにも思えます。これは、まちがった使い方なのでしょうか？　いいえ、そうではありません。「千載」は千年、「一遇」は一度出会うという意味で、「千載一遇のチャンス」は「千年に一度出会えたチャンス」という意味になります。「千載一遇」は、「機会」や「チャンス」などのことばをくわしく表すために、これらといっしょに使われることが多いことばなのです。

タイミングのよさを表すことばにもいろいろあるんだね

コラム

ことばをまちがえて使うと
トラブルのもと？

ことばは、まちがえた使い方をすると、相手に気持ちが伝わりません。それどころか、相手をきずつけたり、おこらせたりしてしまうかもしれません。意味があやふやなことばは、きちんと調べてから使いましょう。

八方美人

八方は八つの方角という意味で、すべての方向を表します。そこで「八方美人」は「どこから見ても美人」という意味から変わって、「だれに対しても自分が悪く思われないようにふるまう人」のことをいいます。信用できない人に対して使うことが多いようです。

琴線にふれる

「相手をおこらせてしまった」という意味だとかんちがいしている人が多いことばです。目上の人をおこらせたときに使う「逆鱗にふれる」とまざっているのかもしれません。正しい意味は「感動や共感をあたえる」です。心にある感じやすい部分を、楽器の琴にはった糸（琴線）にたとえています。

問題 Q

あら 外食でもするの？
誕生日に連れていってもらうんだ！候補はね……

しきいが高い

ステーキのサボ山

どれもおいしそう♡

寿司のサボ田

イタリアンのサボーネ

フレンチのSABOI

おいくら？

みんな高級そうで行きづらいなー

しきいが高いって感じ？

答え A

相手に失礼なことをしたり、はずかしいすがたを見せたりしたので、気まずくなって会いに行きにくいという意味。

? なぜ「高級で入りづらい」と思ったのか

「しきいが高い」って、ねだんが高いとかマナーがむずかしいとかで、「あの店にはなかなか行けない」って意味だと思っていたよ。「ハードルが高い」と同じ意味かなって。そうじゃなくて、相手に会うのが気まずいって意味なの？　そういえば近所の店で、ごはんをひっくり返しちゃって、それから行きづらいんだけど、これがホントの「しきいが高い」かな？

📖 「しきいが高い」と「ハードルが高い」

「しきいが高い」は、長いあいだ、れんらくをしていなかったり、はずかしいところを見せてしまったりして、その人に会いに行きづらいという意味だ。表現がにている「ハードルが高い」と同じ意味に思えるが、それはまちがい。この場合のハードルは、かいけつしなければいけない問題のこと。ちなみに、問題がかんたんなときは「ハードルが低い」というが、気軽に会いに行けることを「しきいが低い」とはいわない。

「しきいが高い」とにている意味のことば

積極的になれないようすを表現することばを集めた。

門をふさぐ
お世話になった人にしばらくあいさつをしていないなどの申しわけないことをして、その人の家に行きづらいという意味。

気後れ
なにかをしようとするときに、その場のようすや人のいきおいにえいきょうされて、心がひるんでしまうこと。

頭が上がらない
めいわくをかけたことがあったり、実力や地位が高い相手に対して引け目を感じたりして、対等の関係に立てないこと。

>> 「しきい」は家の重要な場所？

「しきい（敷居）」は、ふすまや引き戸を開けしめするためにゆかに取りつけられた、みぞがついた横木のことです。日本では昔から、部屋や家の内側と外側を区切る、重要な部分とされてきました。「しきいをまたがせない」は「二度と家に来させない」という意味です。また、「しきいをふむ」という行動は、家の人の頭をふみつけることと同じで、失礼だとされています。必ずまたいで通りましょう。じっさいにしきいをふみつけると、建物のバランスが悪くなるといわれています。

日本には、たとえで表現することばがたくさんあるよね！

📖 本来の意味の例文

「おばあちゃんにお年玉のお礼を言ってないので、しきいが高くなって遊びに行けない」「けんかをしてからしきいが高かったけど、思い切ってあやまりに行ってきたよ」「宿題をわすれてしまったので、塾に行くのはしきいが高い」

コラム

建築用語が由来のことば

　建物や建築で使うものから生まれたことばがあります。古い日本の家や和室が少なくなっているので、見たことがないものもあるかもしれませんが、この機会に調べてみましょう。

くぎをさす

　相手が言ったことをあとから変えないように、また、問題が起きないように、あらかじめ注意を伝えることです。家がくずれないようにくぎを打つことから生まれた表現です。
　「明日は遠足だから、ぜったいに朝ねぼうしないよう、一休くんへくぎをさしておいた」のように使います。

束の間

　束は、ゆか下や天井などに立てる短い柱のことで、束柱ともいいます。束はもともと長さの単位で、指4本分のはばの長さです。「束の間」はとても短い時間のたとえです。
　「もう連休が終わっちゃった。束の間の楽しみだったね」のように使います。

答え A

やる気を出すようにはげますこと、早くやるようにうながすこと。

❓ なぜたたくべきだと思ったのか

先生に「おしりをたたいて」って言われたから、ちょこっとたたいちゃった。ほんとうにたたくって意味じゃなかったの？「もっとちゃんと練習してよ」「がんばろうよ」って言うだけでよかったのかあ。じゃあ、「やる気出せ！」って言いながら、おしりをたたくのはどうかな？　いやいや、人をたたいたらダメだよね。それは反省！

📖 しつけでおしりをたたいていた？

やる気が出るようにはげましたり、早くやるようにさいそくしたりするときに「おしりをたたく」というが、じっさいにたたくわけではない。

昔は親が子どもに「ちゃんと言うことを聞きなさい！」「もっとがんばりなさい！」と注意をしながら、おしりをぺんッとたたくこともあった。

「しりをたたく」とにている意味のことば

早くやるように働きかける、「もっとがんばれ」とはげますことばをおぼえよう。

発破をかける
強いことばで、はげましたり、気合を入れたりすること。発破は火薬のこと。「『気合を入れろ！』と発破をかける」

せっつく
早くやるようにと、しきりとうながすこと。「せっつかれても無理だよ」

さいそくする
ものごとを早くするようにうながすこと。「早く行こうよとさいそくされる」

≫ まよっている子の「背中をおす」？

「しりをたたく」と意味がにたことばに「背中をおす」があります。「背中をおす」は、まよっている人が、前に進めるようにはげまし、必要があれば手助けをすることです。「しりをたたく」よりも、おうえんする感じに近いでしょう。ぐずぐずとなやんでいる人や遊んでいる人には「しりをたたく」、かなり努力して、あと一歩のところでなやんでいる人には「背中をおす」と使い分けるのもよいでしょう。

はげまし方にもいろいろあるんだね！

「しり」がつくことば

「しり」がつくことばは、ほかにもあります。たとえば、人の家に来て、話しこんでなかなか帰らないことを「しりが長い」といったり、ものごとがさしせまることを「しりに火がつく」といったりします。

しりが重い

ものごとをなかなか実行しないようす、めんどうがって動きたがらないようすをいいます。もちろん体つきは関係ありません。「こしが重い」ともいいます。
「あの人はしりが重いので、おつかいはたのみたくない」のように使います。

しりが青い

ぎじゅつや考え方などが一人前ではない、未熟者だという意味です。日本人をはじめ多くのアジア人は生まれたときにおしりが青く見え、成長するにつれて消えます。そこで、「しりが青い」は子ども、未熟者を表します。
「あの人はまだまだしりが青いね」のように使います。

答え A

ちがう、そうじゃない!

「その場に入ってはいけない」という意味。

立っている、すわっているは関係ない。

? なぜすわれば入っていいと思ったのか

あの場所、入っちゃいけなかったんだ。「立ち入り禁止」ってかんばんがあったから、「立って入っちゃダメ」って意味だと思ったんだ。だから、いすにすわって入ったんだよ。わざわざいすを持ってきたのに、海に落ちちゃうし、おこられるし、たいへんだったよ。「立ち入り」が「立って入る」って意味じゃないなんて、まぎらわしくない?

べっちょ べっちょ

📖 「立ち入り禁止」はすわってもダメ

「立ち入る」は、ある一定の場所に入ることをいう。「立ち入り禁止」の場所に「すわって入ったからルールは守っている」と言って入り、店やしせつにめいわくをかけると「出入り禁止」になることがある。ちなみに、「出入り禁止」とは、店やしせつなどが、問題を起こした人に対して、今後の入店や利用を禁止することをいう。「立ち入り禁止」とちがい、特定の人だけを禁止するものだ。

18

身近にある「立ち入り禁止」のかんばん

目立つように書かれているので、見のがさないようにしよう。

>> 自分に都合のいいように考えないで！

　自分勝手な理由をつけて、「禁止」を守らない人がいます。たとえば病院で「関係者以外立ち入り禁止」と書かれた部屋に、「自分は患者だから関係者だ」と立ち入る人がいるそうです。「関係者」は、しせつで働いている人のことで、利用者ではありません。また、書店で「立ち読み禁止」と書かれていると、ゆかにすわって本を読む人もいます。「立ち読み」はお金をはらわずに勝手に本を読むことで、すわればゆるされることではありません。

おとなでも「立ち入り禁止」を守らない人はいるけど、まねをしちゃダメだよ。命にかかわるあぶない場所の場合もあるからね。

> コラム

ことばのかわりに伝える ピクトグラム

ピクトグラムとは、意味することや伝えたいことを単純で目を引きやすい絵で表現したものです。字を読むよりも早く理解でき、その国のことばがわからない人にも伝わります。

身のまわりにあるピクトグラム

非常口

トイレ

エレベーター

Wi-Fi※

障がいのある人が使えるせつび

津波注意

非常ボタン

スマートフォン使用禁止

ピクトグラムでは、はっきりとした色を使います。おもに赤色や黄色を使っているものは「禁止」「きけん」「注意」、青色は「用心」「指示」、緑色は「安全」を表していることが多いです。

※無線でネットワークにせつぞくするぎじゅつのこと。

問題 Q

できかねます

かねます？

待つこと数十分……

ついにぼくの番が……

すみません！売り切れてしまいました！

え———！
どうしても今日食べたいんです！1個だけつくってもらえませんか？

申しわけございません！1日50個かぎりなので**できかねます**

できかねる？
できなくもないってこと？

がんばって！

は！？

答え A

ちがう、そうじゃない！
できないの意味。

「できない」とはっきり伝えると失礼になるので遠回しに伝えている。

❓ なぜ「できる」という意味だと思ったのか

「できかねます」って、すぐに意味がわからなかったけど、友だちが「あいつならやりかねない」って言ってたのを思い出したんだ。「やりかねない」は「やるかもしれない」って意味だよね。同じように「できかねます」は「むずかしいけど、できるかもしれない」だと思って、おうえんしたんだけどなあ。「できない」なら、「できかねません」って言うんじゃないの？

📖 「できる」を「かねる」？

「できる」は、「ものごとが生みだされる」という意味。「かねる」は、ほかのことばのうしろについて、「しようとしても、できない」と否定する意味。「できかねる」は「ものごとを生みだそうとしたけれど、だめである」という意味になる。「できかねる」に否定する「ません」がついた「できかねません」は「できるかもしれない」という意味になり、まぎらわしいのであまり使われない。

22

「できない」の言い方いろいろ

さまざまな場面で使える「できない」の言い方をおぼえよう。

ていねい
- できかねます
- いたしかねます

やんわり
- （ちょっと）きびしいです
- 荷が重いです
- お役に立てません
- えんりょします

強く
- できません
- 不可能です
- 無理です

これらを使った例
「当店ではそのサービスはいたしかねます」「わたしではお役に立てません」「残念ながら、それはできません」「この時間で終わらせるのは不可能です」

>> 「ません」と「かねます」

「できません」「お役に立てません」など、「できない」を意味することばは、「ません」で終わることが多くなっています。しかし、「できません」は否定のことばなので、目上の人やお客さまに使うと、失礼になる場合もあります。そのようなときは、やわらかい言い方で遠回しにことわれる「できかねます」を使うとよいでしょう。「できたらいいのですが、どうしてもだめなのです」という申しわけない気持ちもこめることができます。

日本では、いやなことは、はっきり言わないで、あいまいに伝えることが多いね！

コラム

ぎゃくの意味にまちがえやすいことば

ふだん目にしていることばでも、ぎゃくの意味でおぼえてしまったものがあるかもしれません。また、ぎゃくの意味で使われることが多かったために、意味がふえてしまったことばもあります。

おもむろに

「おもむろに」を、いきなり動きだすという意味で使う人が多いですが、それはまちがいです。正しくは、落ち着いてゆっくりと行動するようすです。「おもむろに立ち上がる」は、ゆっくりと立ち上がったようすで、急に立ち上がったのではありません。

とりはだが立つ

「とりはだが立つ」は、おそろしさや寒さを感じたときに、はだがぶつぶつとなるようすをいいます。しかし最近は、感動したりうれしかったりしたときにも使われています。「映画を見て、とりはだが立った」だけでは、こわかったのか、感動したのか、はんだんできなくなりました。

24

答え A

さまざまな議論がくり返され、いよいよ結論が出そうになっていること。

❓ なぜ「行きづまった」という意味だと思ったのか

「煮つまる」って、料理を煮こみすぎて、失敗したみたいだよね。どうにもならないときに「行きづまる」ともいうから、「会議が煮つまる」は話し合いが行きづまって止まったことだと思ってた。その反対で、話し合いが進んで、結論が出るときに使うの？　むずかしいなあ、ぼくの頭も煮つまっちゃう。あ、これもまちがえた使い方だ！

📖 「煮つまる」の表現の由来

「煮つまる」はもともと料理で使われることばで、「イチゴを煮つめてジャムをつくる」のように、材料をよく煮こんで水分がなくなったようすを表す。ここから転じて、会議や議論での話し合いが終わりに近づいて、いよいよ結論が出ることを「会議が煮つまった」というようになった。「行きづまる」のようになにかがつまったわけではない。「なべの中で意見がよく煮こまれて結論が完成したようす」とおぼえるとよい。

「つまる」がつくいろいろなことば

ほかのことばのあとにつくことで、いろいろなものが「つまる」ようすを表す。

行きづまる
先へ行けなくなる。ものごとが先に進まなくなる。「解決する方法が見当たらず行きづまる」

気がつまる
まわりの人に気をつかって、のびのびできないこと。「親せきの人がいっぱい来て、家の中にいるから気がつまる」

切羽つまる
こまることが間近にせまってきて、どうにもならなくなること。「切羽つまって先生に相談した」

息がつまる
あまりにもきんちょうして息ぐるしくなるようす。「息がつまるようなテニスのラリーだった」

ことばにつまる
その場にふさわしい表現や答えがうかばなくて、話を続けられないこと。「あまりに悲しい話でことばにつまる」

≫ つまっていると、どうにもならない？

「つまる」は、ある空間に「もの」がぎゅうぎゅうに入ったようすを表します。このことから「つまる」がつくことばには、どうにもならなかったり、ものごとがさしせまっていたりと、悪い意味が多いのです。「煮つまる」は、ものごとがよい方向へ向かうという意味ですが、最近は「行きづまる」という悪い意味で使われることが多くなってしまいました。

もともとの正しい意味をおぼえておきたいね

食べものに関することば

　食べもの、とくに食事にまつわることばは、「朝飯前」「ぬかよろこび」「ぬかにくぎ」などいろいろあります。ぬかは、白米をつくるときに、玄米からとりのぞいた皮のことです。

朝飯前

　とてもかんたんなこと、という意味です。起きてから朝ごはんを食べるまでは、とても短い時間しかありません。そのわずかな時間でもできてしまう、たやすいことだという意味です。

ぬかよろこび

　大よろこびしたのに、すぐに終わってしまった、むなしいよろこびのことです。由来については、ぬかは、とても細かいこななので、はかない、小さいという意味に使われ、一時的なよろこびを表したなどの説があります。

28

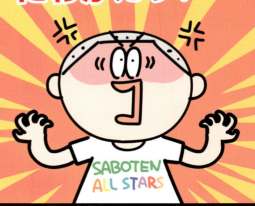

答え A

ものごとが急に起こるようす。

「一時的」「間に合わせ」の意味もある。

? なぜバカにされていると思ったのか

ちょっとおこっちゃった。「にわかファンのくせに」ってバカにされてるって思ったんだよ。たしかに、ぼくがファンになったのは1か月ぐらい前のことで、まだあんまりくわしくないから、「にわか」って言われてもしかたないけどさ。ホントに「すぐ」って意味で「にわか」って言ったの？ それこそ「にわかには」信じられないよ。

📖 「にわか」のいろいろな意味

「にわか」は、とつぜん、急に、という意味。「にわかに雨がふってきた」などと使う。「間に合わせ」「一時的」という意味もあり、あわててなにかをじゅんびすることを「にわかじこみ」という。最近よく目にする「にわかファン」「にわか」は、ファンになったばかりなのに、昔からよく知っているようにふるまう人、にわかじこみの知識を語る人をさすことばで、さげすんで使われることが多い。

身近にある「急」なことば

急になにかをすることを表すことばを集めた。

飛び入り参加

予定に入っていなかった人がイベントなどに急に参加すること。

ゲリラライブ

知らせがなく、とつぜん、歌手などがあらわれてライブが行われること。

ぬき打ちテスト

予告なしに急に行われるテストのこと。

≫ ひとつのことばにいろいろな意味?

> おかしいなって思ったら、すぐにことばの意味を調べるくせをつけるといいね!

ひとつのことばが、いろいろな意味をもつことがあります。また、同じことばでも、年れいや住んでいる地いきなどによって、思いうかぶ意味がまったくちがうこともあります。知らないでいると、じょうほうをまちがえて受け取ったり、会話がすれちがったり、トラブルが起こったりすることもあります。ネット、テレビ、本、人との会話などから、ひとつのことばがもっている、さまざまな意味をおぼえていくとよいでしょう。

[監修] 細川 太輔（ほそかわ・たいすけ）

武蔵野教育研究所代表。
1978年東京都生まれ。東京大学教育学部卒、東京学芸大学連合大学院修了。教育学博士。私立小学校教諭、東京学芸大学附属小金井小学校教諭、東京学芸大学講師、東京学芸大学准教授などを歴任。NHK「ことばドリル」番組委員。おもな著書に『小学校国語科学び合いの授業で使える！「思考の可視化ツール」』（編著、明治図書）などがある。

デザイン	田村 梓（ten-bin）
イラスト	つぼいひろき、是村ゆかり
文	河合佐知子
編集	ニシ工芸株式会社（髙塚小春、池田真由子、佐々木裕）
DTP	ニシ工芸株式会社（山田マリア）
校正	青木こずえ

ちがう、そうじゃない！国語大ピンチ!? クイズ
第2巻　さ行ーな行

2024年10月　初版第1刷発行

発行者　吉川隆樹
発行所　株式会社フレーベル館
　　　　〒113-8611
　　　　東京都文京区本駒込6-14-9
　　　　電話 営業 03-5395-6613　編集 03-5395-6605
　　　　振替 00190-2-19640
印刷所　TOPPAN株式会社

NDC812　32P　27×22cm　ISBN978-4-577-05310-2
©フレーベル館2024　Printed in Japan

乱丁・落丁本はおとりかえいたします。
フレーベル館出版サイト https://book.froebel-kan.co.jp

本書のコピー、スキャン、デジタル化等無断で複製することは、著作権法で原則禁じられています。また、本書をコピー代行業者等の第三者に依頼してスキャンやデジタル化することも、たとえそれが個人や家庭内での利用であっても一切認められておりません。さらに朗読や読み聞かせ動画をインターネット等で無断配信することも著作権法で禁じられておりますのでご注意ください。

ちがう、そうじゃない！ 国語大ピンチ!? クイズ

第1巻 あ行→か行

- おひかえください
- 感謝のことばもない
- 気が置けない
- けっこうです
- こそく（姑息）
- 小春日和

第2巻 さ行→な行

- しおどき
- しきいが高い
- しりをたたく
- 立ち入り禁止
- できかねます
- 煮つまる
- にわかには

第3巻 は行→わ行

- 花を持たせる
- 骨が折れる
- 目がない
- 役不足
- 夜な夜な
- 悪びれる